Forty Floors from Yesterday

by

Stephen Massimilla

•

Quaranta piani da ieri

translated into Italian by

Luigi Bonaffini

Bordighera Press

Library of Congress Cataloging-in-Publication Data

Massimilla, Stephen.
    Forty floors from yesterday = Quaranta piani da ieri / by
Stephen Massimilla ; translated into Italian by Luigi Bonaffini.
         p. cm. (Bordighera poetry prize ; 4)
    English and Italian parallel text.
    ISBN 1-884419-55-0 -- 1-884419-54-2 (softcover)
       1. Italian Americans--Poetry. I. Title: Quaranta piani da ieri.
    II. Bonaffini, Luigi. III. Title. IV. Series.

PS3613.A8195 F67 2002
811'.6--dc21

                                            2002035631

THE BORDIGHERA POETRY PIZE is made possible by a generous grant from
THE SONIA RAIZISS-GIOP CHARITABLE FOUNDATION.

Printed in the United States.

Published by
BORDIGHERA PRESS
Department of Languages & Linguistics
Florida Atlantic University
777 Glades Road
Boca Raton, Florida 33431

BORDIGHERA POETRY PRIZE 4
ISBN 1-884419-54-2 (softcover)
ISBN 1-884419-55-0 (hardcover)

To Myra

To Louise Glück

ACKNOWLEDGMENTS

I would like to thank my teachers and advisors Stephen Sandy, Alfred Corn, Derek Walcott, Robert Pinsky, Daniel Halpern, J. D. McClatchy, Lucie Brock-Broido, Alice Quinn, Kenneth Koch, Heather McHugh and especially and originally Louise Glück for their inspiration, guidance, and encouragement. My heartfelt gratitude to Franklin Gill, Selena King, Molly Meloy, Christine Hume, Louise Mathias, Le Hoang Vuong Nhu, Sarah Hannah, Sally Dawidoff, Pam Bernard, and especially David Dodd Lee for feedback on individual poems and advice on structuring the manuscript. *Grazie mille* to Luigi Bonaffini for his expert translations and for our long, involved mail exchange. Very special thanks and love to my wonderful muse Myra, and to my family.

Thanks to the graduate writing programs at Boston University and Columbia University, the Columbia University Graduate School of Arts and Sciences, the Sonia Raiziss-Giop Charitable Foundation, and the Ellen La Forge Memorial Foundation for the fellowships, stipends, and grants that helped make this book possible. Thanks to Glynnis Osher for converting my paintings into such a sharp graphic. Thanks to Anthony Tamburri and Deborah Starewich for all their editorial and production work, to Alfredo de Palchi, and of course no end of thanks to Daniela Gioseffi.

Grateful acknowledgment is made to the editors of the following publications in which versions of these poems have appeared:

American Literary Review, The Amherst Review, Appalachia, Ariel Review of International English Literature (Canada), Asheville Poetry Review, Aura Literary-Arts, Atom Mind, Black Buzzard Review, Columbia Review, Descant, The Distillery, G.W. Review, Hawai'i Review, High Plains Literary Review, Ibis Review, Jeopardy Magazine, Lullwater Review, The Madison Review, Mangrove, The Marlboro Review, Nerve, New Orleans Review, Northeast Corridor, Onionhead Literary Quarterly, Pacific Coast Journal, Phoebe, Plainsongs, The Pointed Circle, Portland Review, Poem, Puerto del Sol, RE: Arts and Letters, Salt Hill Journal, The Siren, Sonora Review, The Southern Review, Tampa Review, Wind, Wisconsin Review, The Writer's Forum, Zuzu's Petals Quarterly.

"*L'espoir du Desespoir*" also appeared in the anthology *Where Icarus Falls* (*Santa Barbara Review* Publications). "Lost Rooms," "*Clairvoyante*," and "Visitation" also appeared in *VIA: Voices in Italian Americana*. "Reflection" and "Night in Babel" originally appeared in the anthology *The Grolier Annual* (Grolier Press).

TRANSLATOR'S NOTE

*W*hat impressed me most upon first coming to Stephen Massimilla's poetry was the tonal range at his command, his ability to approach language from many different angles. At times, the poet favors verbal density and complexity in order to let the interplay of sounds and meanings on the surface provide echoes, harmonies, and overtones. At other times, he opts for crystalline transparency and a bare, essential diction: "Bird shadow flits / the pavement. No bird. The air smells mildew-green. . . ." Forms are also extremely varied, ranging from traditional closed varieties such as the sonnet ("Sonnet in a Bottle," "Reflection," "Epitaph for the Elegist," "Sunflowers") to a wide array of free-verse compositions. The iambic pentameter (always lurking in the background, even if disguised) is even integrated with one-word lines. At work throughout is painstaking attention to all types of sound patterns, from end-rhyme to internal rhyme ("kissing my nape like a hairbrained ape") to alliteration, assonance, and off-rhyme.

Whether in free or formal verse, rhythm and cadence are handled with natural assuredness and deftness, and always with an eye for the intra-textual (and inter-textual) connections between words as well as an unfailing ear for the relationship between sounds:

> Their autumn now an elder just departed,
> the mice fly out like leaves in whirling gusts
> and spiral underground. Above, one trusts
> the sky, recircling to where it had started . . .
> (from "Night Owl")

or

> a network of biz, of buzz, the flow chart that was,
> that fizgig ditty done waltzing me into the dusk.
> (from "Coda")

One also finds a predilection for the rare or archaic word ("fizgig," "ugsome," "Eidolon"), neologisms ("ghosting," "goldgrime"), startling combinations ("wind winks flames of leaf"), eccentric imagery, puns and plays on words ("pins and riddles"), all designed to foreground the self-generating capability of language, the slip of phrase against phrase, the power of signifiers to engender and filter hidden layers of meaning. If there is one organizing principle in all these poems, it is perhaps resonance, understood not only as a keen and ever-present attentiveness to connections (both between texts and within texts), but also as a constant awareness of the smallest, most nuanced connotations of words. In this collection, words speak to words and texts speak to texts, and the fact that many of the poems are thematically related and organized sequentially legitimizes an organic reading. One of the greatest difficulties in translating these poems consisted first of all in recognizing and identifying the web of associations operating both at the micro and the macro level, and then trying to reproduce them in Italian. Proper names such as "Dr. Houser" (house-er) and "Mr. Seymour" (see-more), for instance, turn out to be plays on related words and themes in the poems in which they appear. I accordingly translated "Mr. Seymour" as "*il signor Vedili*" where "*Vedili*" retains the same root as "*vedere*" or "to see." In many cases, a term or image at the end of one poem is linked to one at the beginning of another. To give just one example, the phrase "turn back" at the end of "Innards" resonates not only with the terms "looking back" and "overturns" within that same poem, but also with the phrases "turning back" and "sliding back" in the openings of the two poems that follow. In my translation, these links have been retained. Then there are the deliberate ambiguities, the eccentric juxtapositions, the ironic allusions, as in "*L'espoir du Desespoir*":

> I recommend you undertake despair.
> Challenge yourself. Admit you cannot fix
> the part of hope that lies in disrepair.
>
> . . . .
>
> The undertaker looks so debonair.
> Each night he lies beneath the crucifix
> imparting hope that lies in Dis. Repair
>
> takes place below, where Proserpine must bear . . .

Here the prefix "dis-" becomes, of course, the Latin term for Hades. In the poem "Leaf," the clause "This sick transit- / ion is *gloria mundi*" includes a more surreptitious play on the Latin *sic transit*. This is how I rendered the pun in Italian: "*Questa tisica transi- / zione è gloria mundi*." Other allusions are even less overt, concealed within the body of the text. The term "Briar Rose" in part III of "Blue Vigil," for instance, refers not only to a hawthorn flower, but also to "Sleeping Beauty," a fairy tale linked thematically both to the Andromeda and Perseus theme in Part II and the Hawthorne story from which the epigraph is taken.

Still, translation is far from a precise science. In "Eye of the Cyclone," the term "wound-up" refers both to the energy of the cyclone (within which "silence strikes" as the eye of the storm moves over the sleeping eye of the speaker) and to the notion of a "wound-up" clock that will strike to wake that sleeper as the eye of that cyclone (which is also the "hole" of the grave, the "wound," and the womb) moves on. The adjective "wound-up" simultaneously refers to the noun "wound" in the next line, a homograph for the past tense of the verb "wind," which appears at the end of the poem by association with the noun "wind." Needless to say it was not possible to retain all these links.

In my translation, I have tried, whenever possible, to retain the formal characteristics (rhyme, rhythm), the allusions, the shades of meaning, and the connections and associations of the original. Because of the lack of one-syllable words in Italian, it is extremely difficult to translate iambic pentameter into the corresponding canonical Italian verse, the hendecasyllable. I have therefore chosen to insert hendeca-syllables at strategic points in the poems to give at least the impression of their measure. When certain sound patterns were unfeasible in Italian, I substituted suitable alternatives. Finally, the author's careful reading of the Italian text and his valuable suggestions have ensured a degree of consistency in the translation that would otherwise have been much more difficult to attain.

Luigi Bonaffini
CUNY/Brooklyn College

CONTENTS

I: *In the twilight of idols*

II: *I advance in absent weather*

INDICE

I: *Nel crepuscolo degli idoli*

II: *Vado avanti in un clima assente*

III: *From a far hotel*

III: *Da un lontano albergo*

I

In the twilight of idols

I

Nel crepuscolo degli idoli

LOST ROOMS

A smokelike cat with owl's eyes
triggered the wind-chimes in the garden.
It skipped and quivered high in moonlight,
flagging the top of the wall, then dropped

to the neighbor's cellar. My old books smell
like basements we grew up in, locked
under gleaming floors behind Brooklyn curtains.
And nights still dream like rooms we slept in,

reading your intricate braided hair.
Now the sky is often watched by a clock
in which your gown breaks apart as clouds
cross its pool of stars. I wake from reels

of wandering the street, where wind rocks
over a stop-sign, lost in the shaft
of a dream where I'm calling to you, begging
the darkness between us to be gone.

We had nothing at all. But we were too
ignorant about what was most our own,
about rooms of silence in the gardens,
all that assured us what wanting wants.

STANZE PERDUTE

Un gatto di fumo con occhi di gufo
ha fatto tintinnare le campanelle cinesi nel giardino.
Con un guizzo ed un tremolio in alto nel bagliore lunare,
si è arricciato sul muro, poi si è lasciato cadere

nella cantina del vicino. I miei vecchi libri hanno l'odore
degli scantinati dove siamo cresciuti, serrati
sotto pavimenti lucidi dietro cortine di Brooklyn.
E le notti ancora sognano come stanze in cui dormivamo,

leggendo il groviglio delle tue trecce.
Ora il cielo è spesso guardato da un orologio
in cui la tua veste si disfa mentre le nuvole
attraversano la sua pozza di stelle. Mi sveglio

dalle riprese del mio girovagare per le strade, dove
il vento fa agitare un cartello di stop, perso nel raggio
di un sogno dove chiamo te, e prego
che il buio tra di noi si dilegui.

Non avevamo proprio niente. Ma eravamo troppo
ignari di ciò che ci apparteneva di più,
le stanze del silenzio nei giardini, tutto ciò
che ci assicurava quello che il volere vuole.

VISITATION

". . . e ancora sangue oltre la morte."

—Montale

A blackbird fell in from the wet, litter and darkness
of October's fretful splendor. Dusk had burnt up the pots.
The Trinitarian's bell, molten in sky-fire, had melted

into night. For that expanse, the live thing jumped
in feathered panic, ruffled through bookshelves, and hit
the wall. The desk was a mess, except for a green pool

of light shaped on its baize by a lamp hunched like a raven.
As mist uncurtained the stars, they squinted for what
they had lost. Then bleeding, in love with blackness, the bird

flapped up with a heart-hurried thud and took off.
In came a fresh squirt of leaves and the wailing
that echoes from cave-mouths when sirens have fled.

Everywhere light cast webs on fallen things. Pieced
and puzzled, the floor was strewn with poems . . . to you . . . and God,
lifting black flaps of hair. I suppose I remember

on blood-matted wings, my heart bumping up
for your door, but whose hand got lost in the dark,
I don't know. Is Revelation reaching in the gloom?

VISITA

". . . e ancora sangue oltre la morte."

—Montale

Un merlo è caduto dall'umido, i rifiuti, l'oscurità
dello splendore inquieto di ottobre. L'occaso aveva bruciato i vasi.
La campana trinitaria, liquefatta in cielo-fuoco, si era sciolta

nella notte. Per quello spandersi la cosa viva sussultò
in un panico di piume, scompigliò gli scaffali di libri, e colpì
la parete. La scrivania fu un caos, meno una pozza di luce

gettata sul suo panno verde da una lampada curva come un corvo.
Svelate dalla nebbia, le stelle socchiudevano gli occhi
per quello che avevano perso. Poi sanguinante, invaghito del buio,

l'uccello volteggiò con un tonfo batticuore e prese il volo.
Entrò uno spruzzo fresco di foglie ed il gemito che esce
dalle bocche delle caverne quando sono fuggite le sirene.

Dovunque la luce irretiva le cose cadute. Tutto pezzi di un puzzle,
il pavimento era cosparso di poesie . . . a te . . . e a Dio,
neri lembi di capelli in alto. Credo di ricordare

il mio cuore traballante verso la tua porta su ali incrostate
di sangue, ma non so di chi era la mano che si perse
nell'oscurità. La Rivelazione si protende nelle tenebre?

INSOMNIA

So I lost touch. All morning a double face
took shape in the window, mine, by the cold
commode. Blue was a bottle on the sill;
eight, a mustache twirling, a leaf.

Teeth caulked, dark cheek a hole, you talked
to me with the orbit of your eye. A leaf
blinked green on orange glass. Cyclops
sun outside, blood . . .
bricks glued to the pane, batting, beating in.

INSONNIA

Così ho perso contatto. Tutta la mattina un doppio volto
ha preso corpo nella finestra, il mio, accanto
al freddo comò. Azzurra era una bottiglia sul davanzale;
otto, baffi attorcigliati, una foglia.

Denti turati, un buco la guancia scura, tu mi parlavi
con l'orbita del tuo occhio. Una foglia
baluginava verde su vetro arancione. Sole
di Ciclope fuori, sangue . . .
mattoni, incollato ai vetri, che batteva, sfondava.

TWELVE HOURS

6PM

My dreams scattered like rabbits
over the gun-metal streets. They ran
without understanding anything.

9PM

At night they're huddled in the teeth
of a rake, where oblong, with snow
on it, your face comes up whole.

3AM

If, as to God, a century were to us
the twitching of an ear, even this thought
must come to nothing.

6AM

Coming up the morning stairs, I thought the moon
only another street-light—
a little crooked.

DODICI ORE

6 del pomeriggio

I miei sogni sparsi come conigli
sulle strade di metallo. Sono fuggiti
senza aver capito niente.

9 di sera

La notte si rannicchiano nei denti
di un rastrello, dove oblungo, coperto di neve,
il tuo volto viene fuori intero.

3 di mattina

Se un secolo fosse per noi, come per Dio,
lo spasmo di un orecchio, anche questo pensiero
deve venir meno.

6 di mattina

Mentre venivo su per le scale del mattino, ho pensato la luna
solo un altro lampione—
un po' storto.

NIGHT IN BABEL?

Let there be lights, be lipstick, mink, and taxi,
crimes and lies that shock the sense of touch?
O mood of the moment, leaden, steeled, or sexy:
Summer evening's never cool enough?

Too much chatter, magic, greed, and laughter?
Too much inspiration and self-pity?
Praise the Lord! You can avert disaster.
Take the nearest exit. It's that easy?

But outside's not an out: the rain, the pain,
the rain, the pain—you'll never reach the park.
Knowledge comes up neon in your brain,

and puddles mirror mirrors in the dark.
O towerful city in that puddle—smashed?
O turn the corner, curse, and live at last?

NOTTE A BABELE?

Che ci siano le luci, il rossetto, il visone, e il taxi,
reati e menzogne che sconvolgono il tatto?
O umore del momento, plumbeo, d'acciaio o sexy:
La sera d'estate non è mai fresca del tutto?

Troppe ciance, magia, avidità, e riso?
Troppa ispirazione ed autocommiserazione?
Il Signore sia lodato! Puoi evitare il subisso.
Prendi la prima uscita. È tanto semplice?

Ma il fuori non è via di scampo: acquivento, tormento;
acquivento, tormento—non raggiungerai mai il parco.
La conoscenza si fa neon nella tua mente,

e pozzanghere specchiano specchi nel buio.
O città turrita in quella pozzanghera—a pezzi?
O gira l'angolo, bestemmia, e vivi finalmente?

ZENITH

Rhomboids of birds
graph out the twilight.

In the bedroom, Mary cries,
her hair a blizzard of gnats

in front of a Zenith screen about the size
of a squared-off headlight,

a Nazi Secret Service vehicle.
(Documentary on crocodiles, their infant

grenades). Her window sends signals
to the yard, the peacock-feather lawn faintly

phosphorescent to the pearl
brooch eyes of a praying

mantis on the roof antenna, one just as slender
as a Flemish Madonna bent under bullet-hole stars.

ZENITH

Romboidi di uccelli
tracciano il grafico del tramonto.

Nella camera da letto, Mary grida,
i suoi capelli una bufera di moscerini

davanti allo schermo di una Zenith
grande come un faro quadrato,

un veicolo del Servizio Segreto Nazista.
(Documentario sui coccodrilli, le loro granate

appena nate). La sua finestra
manda segnali al cortile, il prato inglese

a piuma di pavone fosforescente fioco
agli occhi perlacei di spilla di una mantide

religiosa sull'antenna del tetto, sottile come
una Madonna fiamminga curva sotto le stelle a foro di proiettile.

NOT MEDEA

1.

Who floats like a brother through my door?
It is the second of us: in rustled sleeves,

a fingerless boy. The shadows behind
his eyes too large, so many nights he says

our mother beyond the fence was dreaming mad,
twitching in her transparent gown, her chin

a link in the black, her teeth small
sickles of light,

all ten nails
on guard.

2.

She prayed, clenching
the third, hiding the open mouth

of her child, its fizz of hair
in churning dark. No father to fear,

he did not cry.
The void of youth sucked back

its pearls. Lost boat. Old salt. Black dock . . .
Out, among poisonous

baked sea-things,
so many gulls raised their heads and shrieked.

NON MEDEA

1.

Chi si libra come un fratello attraverso la mia porta?
È il secondo di noi: in maniche fruscianti

un ragazzo senza dita. Le ombre dietro
i suoi occhi troppo grandi, tante notti dice

che nostra madre dietro il recinto sognava pazza,
fremeva nella sua vestaglia trasparente, il suo mento

un legame nel buio, i suoi denti piccole
falci di luce,

tutte e dieci le unghie
in guardia.

2.

Lei pregava, stringendo
il terzo, nascondendo la bocca aperta

di suo figlio, la spuma dei suoi capelli
nell'oscurità turbinante. Non essendo padre alla paura,

non ha pianto.
Il vuoto della giovinezza ha risucchiato

le sue perle. Barca perduta. Vecchio sale. Nera banchina . . .
Via, tra cose di mare

velenose arrostite,
tanti gabbiani alzavano la testa e strillavano.

THE MOUTHLESS DEAD

"Across your dreams in pale battalions . . ."
—Sorley

1.

A long dying cry in the wind.
Cats cry from the neighbor's cellar
where children torture them with God
knows what. They don't go blind, you know.

One boy locks his brother under the steps
and threatens to set the house on fire,
while you lie idly back, poked only by the coils
in your mattress. "Children will be children."

It is like the first glimpse of a dream:
A boy skitters in the brush,
his hair a yellow flicker,
brittle as a leaf.

2.

Outside, all the leaves are falling
by grave mound and broken cross
past the bronze soldier at the edge
of the park. And the woods at his back

are not haunted with sticks
but shadow-shapes that bend along the trunks,
limping in twos and threes
down leaf-strewn paths.

In the mirror behind your door, they move
through the Bois de Belleau, the Somme,
like friends from the war, hugging their excreta
to their bodies. Red wail of rockets . . .

I MORTI SENZA BOCCA

"Attraverso i tuoi sogni in pallidi battaglioni..."

— Sorley

1.

Un lungo urlo morente nel vento.
Gatti urlano dalla cantina del vicino
dove i bambini li torturano
con dio sa cosa. Non diventano mica ciechi, sapete.

Un ragazzino rinchiude il fratello sotto le scale
e minaccia di dar fuoco alla casa,
mentre tu rimani sdraiato pigramente, punto solo dalle molle
del materasso. "Sono piccoli, che vuoi farci?"

È come intravedere per la prima volta un sogno:
Un ragazzino sgambetta tra i cespugli,
i suoi capelli un barbaglio giallo,
fragile come una foglia.

2.

Fuori, tutte le foglie stanno cadendo
accanto a tomba e croce spezzata,
oltre il soldato di bronzo al margine
del parco. E il bosco dietro di lui

non è infestato da sterpi ma da sagome
d'ombre che s'incurvano lungo i tronchi,
zoppicando a due e tre
per i sentieri coperti di foglie.

Nello specchio dietro la tua porta, si muovono
per il Bois de Belleau, la Somme,
come compagni di guerra, stringendosi al corpo
i loro escrementi. Gemito rosso dei razzi ...

Remember? And screaming
horses, their open mouths. "For God's sake, shoot them!"
They collapse,
then get up, leap on in pain.

3.

And the hiss of shells, wood smashed to bits,
graveyard the only cover. Clawing
for a hole, you pull a dead man
over you, eyes blind with blood.

Somebody's mouth crying, "Can't be true."
The blood itself has a way of muttering
that the mouths of the dead are all one mouth.
The screaming goes on.

4.

Now you throw the door open,
stumble outside under flares of orange
into All Saints Day,
November sinking.

You hope to catch every leaf.
You hope to rescue autumn
with ten fingers. You hope
to cry out once, for all.

But tugging at the carcasses of rats,
even the cats don't trust you, wide-eyed
on narrow paths, ready to sprint to either side
and suffer the barbs in the brush to avoid you.

Ricordi? E l'urlo dei cavalli,
la loro bocca aperta. "Per amor del cielo, sparategli!"
Crollano,
poi si alzano, saltellano via tra gli spasimi.

3.

Ed il sibilo delle bombe, legno che va in frantumi,
il cimitero l'unico rifugio. Scavi una buca
con le unghie, ti tiri addosso un morto,
gli occhi ciechi di sangue.

La bocca di qualcuno grida, "Non può essere."
Lo stesso sangue ha un modo di mormorare
che le bocche dei morti sono tutte una bocca sola.
Le urla continuano.

4.

Adesso spalanchi la porta,
esci fuori barcollando sotto le fiammate arancioni
di Ognissanti,
novembre sprofonda.

Speri di afferrare ogni foglia.
Speri di salvare l'autunno
con dieci dita. Speri
di gridare una volta, per tutti.

Ma mentre lacerano carcasse di ratti,
neanche i gatti si fidano di te, con occhi sbarrati
su sentieri stretti, pronti a lanciarsi da una parte
o dall'altra, e subire le punte nei cespugli per evitarti.

REVELATION

Driving on, I thought:
As children we were lured to the world we could
not see. Twitching their feelers, the fuse-bright

fireflies of late afternoon crept
under the shades and back. With his finger rocking
the fender of the globe, Mr. Seymour was reading

to us about the wild boy Midas, who ran off
with a firecracker. Friends spotted him by a steeple
three hills off in the bristling October woods.

"Look at me," he cried, with his hands crowning
his lips, ". . . not looking hard enough."
Four were waving madly, three hills away,

when one godawful light went off
in his face. From that night on, he ruled
their attentions.

"Spread this hand as far as you can
like the feelers of an insect," they whispered,
"and you'll stop any wall before your body hits."

"Wrap this arm around your chest
like the fender of a car. Nothing will get to you."
If it was not for the dark, I would never have seen

the accident, tall beams zagging
through sky. Medics, patrols, flashing
gas cubes, faces mooning in a pit of zinc heat.

God knows what I could have seen among the warped
bumpers, glass grains, a fistful of parts. The wheel rocked
in my knuckles, steering my eyes from that thought.

RIVELAZIONE

Continuando a guidare, ho pensato:
Da ragazzi ci sentivamo attirati dal mondo
che non potevamo vedere. Le lucciole del tardo pomeriggio,

splendenti come micce, s'infilavano sotto le tendine
agitando le antenne. Facendo tentennare con le dita
il cerchio di metallo del mappamondo, il signor Vedilì

ci leggeva dello sfrenato ragazzo Mida, che scappò via
con un petardo. Gli amici lo scorsero accanto a una guglia
tre colline più avanti negli ispidi boschi di ottobre.

"Guardatemi," gridò, con le mani che gli coronavano
le labbra, ". . . non mi state guardando bene."
I quattro agitavano le mani all'impazzata, tre colline più in là,

quando una luce dannata gli scoppiò
in faccia. Da quella sera
conquistò l'attenzione di tutti.

"Allunga questa mano più che puoi
come le antenne d'un insetto," sussurrarono,
"e fermerai ogni muro prima di colpirlo col corpo."

"Avvolgiti questo braccio intorno al petto
come il parafango di una macchina. Niente potrà toccarti."
Se non fosse stato per il buio, non avrei mai visto

l'incidente, alti raggi zigzaganti per il cielo.
Il pronto soccorso, le pattuglie, il lampo dei cubi di gas,
volti accesi come lune in una fossa afosa di zinco.

Dio solo sa cosa avrei visto tra i paraurti ritorti,
i granelli di vetro, una manciata di pezzi. Il volante mi tentennò
tra le nocche, sterzandomi dagli occhi quel pensiero.

BETWEEN THE LIGHTS

Awake without remembering much,
again experiencing uncertain illumination—
smoky moons, headlights, silhouettes—

I apologize, forgetting everything
is inexplicable, poetry unforgivably.
It's reckless busywork, really,

enshrining an opossum even
dirtier than snow. Dislocated,
December rocks a single eyeball,
twilit colorfield anesthetized, unknowing

TRA LE LUCI

Sveglio senza ricordare molto,
ancora in preda ad un'incerta illuminazione—
lune fumose, fari, sagome—

chiedo scusa, dimenticando che tutto
è inspiegabile, imperdonabilmente poesia.
È un lavoretto avventato, in realtà,

che venera un opossum anche
più sporco della neve. Dislocato,
dicembre scrolla un unico bulbo oculare,
campo cromatico in ombra, anestetizzato, ignaro

NIGHT OWL

Their autumn now an elder just departed,
the mice fly out like leaves in whirling gusts
and spiral underground. Above, one trusts
the sky, recircling to where it had started

to flee, past starry flakes that do not cease
to fall, but spin and scribble in their bliss.
There, a speck, but in vicious white increase,

the night owl shows the earth what heaven is,
its plumes in flurries rippling crease on crease
but whirring down to one half-muffled *hiss*.

This fugitive, swung up into claw,
skims the brush and trees, flicks back, is gone:
a spark returned to ash. From mountain heights

and down through sheets and screes of mist, the lone
bird strobes and reappears, barely alights
beside a ghost of a knoll. It turns—night's flaw—
the cloud-globe of its head; and thereupon

(parenthesized upon an ancient bowl
faintly brushed with gray) reveals a Chinese face
which turns back, disappears, bears scarce a trace
among the snow-capped boughs that map the whole.

GUFO NOTTURNO

Il loro autunno ora un anziano appena spirato,
i topi volano fuori come foglie in turbini di vento
e scendono a spirale sottoterra. Sopra, uno fa affidamento
al cielo, rigirandosi verso dove aveva cominciato

a fuggire, oltre fiocchi stellati che, mai stanchi
di cadere, frullano, felici di fare scarabocchi.
Ecco, un puntino, ma in violenta crescita di bianco,

il gufo notturno mostra alla terra cos'è il cielo;
le piume s'arruffano a raffiche solco sopra solco,
ma il turbinio si smorza in tenue *sibilo*.

Questo fuggiasco, libratosi in artiglio, rasenta
cespugli e alberi, sfreccia all'indietro, svolta:
una scintilla che ridiventa cenere. Da cima montagnosa

e giù per lastre e ghiaioni di nebbia, l'uccello
solitario balugina e riappare, si posa
lieve accanto a un poggio spettrale. Volta
—difetto della notte—il globo-nuvola della testa; e in quello

(tra parentesi su coppa antica con sparute
pennellate di grigio) rivela una faccia
cinese che si gira, scompare, lascia appena una traccia
tra i rami nevosi che mappano il tutto.

PARADE OF THE PLAGUED

When rainbows and fanfaronade have passed,
the multitudes still hidden six feet under,
on a stretch of coast picked clean of life at last,
a muffled sea unrolls the same old thunder.

Geese wear shadow capes, and pit fires snuff.
Haze of skyline yellows and spreads toward night.
Seeking what is never far enough,
waves fold up like moths and fade from sight.

But flakes of orange kindle a wraith of a dance
on the edge of a cloud which ripples like a banner;
it catches flame, flares red, sheds radiance.

Then there's just no end to what comes back:
From rows of unmarked tombs, an audience
fills up below, thins out like waves of gnats

and channels into two dense buzzing swarms.
Between them, hopping like fleas with fleas for hats,
a no-brass band with its horns and clarions

comes honking through, beneath unspooling streamers
of green; the purple globe of a float rolls on.
As it grows late, and lanterns space their beams,

mimes in motley flash through halls of light.
A made-up face bobs past, and then the teams:
their goose-eyes, cheeks, and brindled skin—so bright!

Up the stream of coast, goose flocks flinch
and flinch, necks steady toward a speck of a speck
which rises past the mirror-strip of liquid
in a moat. Beyond a castle, wreck after wreck,

SFILATA DEGLI AFFLITTI DI PESTE

Passato l'arcobaleno e la fanfaronata finita,
le moltitudini ancora nascoste due metri sottosuolo,
su un tratto di costa finalmente spoglia di ogni vita,
un mare sordo fa rombare il solito tuono.

Le oche portano cappe d'ombra, e i fuochi nelle fosse sbuffano.
Ingiallisce all'orizzonte e si allarga nella notte la foschia.
Cercando ciò che non è mai abbastanza lontano,
le onde si avvolgono come falene e fuggono via.

Ma uno spettro di danza acceso da fiocchi arancione
s'increspa come una bandieruola sull'orlo di una nuvola;
coglie fiamme, divampa rosso, spande fulgore.

Poi non c'è fine a ciò che fa ritorno:
Dalle file di tombe senza nome, gli spettatori
s'affollano sotto, s'assottigliano come un nugolo

di moscerini e si versano in due folti sciami ronzanti.
In mezzo, saltando come pulci con pulci per cappello,
una banda con corni e clarinetti senza ottoni

viene giù strombazzando, sotto striscioni
di verde che si svolgono; rotola avanti il globo viola di un carro.
Mentre si fa tardi, e lanterne spaziano i loro raggi,

brillano tra corridoi di luci variopinti mimi.
Un volto truccato ballonzola via, e poi le squadre:
i loro occhi d'oca, guance, e pelle striata—tanti lumi!

Su per una striscia di costa, stormi di oche volano
a scatti, colli tesi verso un punto di un punto che sale
oltre la lingua cristallina di liquido in un fossato.
Oltre un castello, rottame dopo rottame,

haystacks pock the meadows by the gorge.
Last comes the church, crepuscule, ribs of wood,
stone gate and apse of pearl, the organ groaning
and Christ, that bone man, dragging a banner of blood.

mucchi di fieno butterano il prato presso il dirupo.
Per ultimo la chiesa, crepuscolo, costole di legno,
porta di pietra ed abside di perla, l'organo che geme cupo
e Cristo, quell'uomo d'osso, che trascina uno stendardo sanguigno.

MOUTH OF MOSES

"Who has made man's mouth?"
—The Lord

But they always misunderstood.
He wasn't all clumsiness. Words stung

his throat, to be sure, but no more:
In the twilight of idols, he was learning

to search like a man, almost to speak
like one. "Alone" was the first word

he found . . . at the back of the terrifying
Stranger. Alone—with the Stranger.

Panic—
for the self he used to know—came to

nothing . . . in the fire. A beard
of fire. Rings of smoke gaped wide

like blackened lips, and he heard words
that snuffed the words he'd struggled to find

inside. He found the worst thing had
happened: There on the stinger-bristing ridge,

he'd seen his own mouth, and how the mouth
he'd make to speak would mock that mouth,

how all the words he'd lived
to lead lives by were spat to sparks

in burnt-up parchment. Nothing
could bring them back.

BOCCA DI MOSÈ

"Chi ha fatto la bocca dell'uomo?"
—Il Signore

Ma essi fraintendevano sempre.
Lui non era solo maldestro. Le parole

gli pungevano la gola, certo, ma nient'altro:
Nel crepuscolo degl'idoli, stava imparando

a cercare come uomo, quasi a parlare
come uomo. "Solo" fu la prima parola

che trovò . . . alle spalle del terribile
Sconosciuto. Solo—con lo Sconosciuto.

Panico—
per l'io che una volta conosceva—non era

nulla . . . nel fuoco. Una barba di fuoco.
Spirali di fumo si spalancavano

come labbra annerite, ed udì parole
che spegnevano le parole trovate a fatica

dentro di sé. Scoprì che la cosa peggiore era
accaduta: Lì sulla cresta brulicante di aculei,

aveva visto la sua propria bocca, e come la bocca
che lui avrebbe fatto per parlare avrebbe deriso quella bocca,

come tutte le parole che aveva vissuto
per guidarci vite venivano sputate a scintille

in pergamene bruciate. Niente
poteva riportarle.

TO THE MUSE

*"But that is the one faith
I share with you: I believe
my inspiration is marvelous."*
—Mary Shelley
(Dr. Frankenstein)

Scratch of a killer with the sticky eyes of Dog:
My sweetheart lugged it to my window and said,
"Good-bye." (and does my conception of every woman
as a widow seem offensive?) Good-bye.

I'm excited. At times like this, even love
is excited. My eyes shake like mice
in their incandescent caves. Still, the same yowls;
the same weeping in the street; shriek of the knife-

grinder's parrot on its perch. Get back! This poem will
kill you, this, an annihilating cartridge.
But that's a lie. The murderous stanza packs nothing
but rodents, victims backed into corners where even

sniveling infants sprout claws. Muse, you're
my Mother: Snout in the curtains, Wolf
with the sensual teeth of a woman.
I dream this neck in the shadows.

ALLA MUSA

"Ma questo è l'unica fede
che condivido con te. Credo
che la mia ispirazione sia meravigliosa."
—Mary Shelley
(Dr. Frankenstein)

Graffio di un killer con gli occhi vischiosi del Cane:
La mia amata me lo trascinò alla finestra e disse:
"Addio." (e sembra oltraggiosa la mia idea
di ogni donna come vedova?) Addio.

Sono emozionato. In occasioni come queste, anche l'amore
è emozionato. I miei occhi tremano come topi
nelle loro caverne incandescenti. Eppure, gli stessi ululati;
lo stesso pianto nella strada; il pappagallo dell'arrotino

che strilla sul suo trespolo. Indietro! Questa poesia
ti ucciderà, questa, una cartuccia che annichila.
Ma è una menzogna. La strofa assassina porta solo
roditori, vittime con le spalle al muro dove perfino

a bimbi frignanti spuntano artigli. Musa, tu sei
mia Madre: Muso nel sipario, Lupo
con i denti sensuali di una donna.
Io sogno questo collo nell'ombra.

II

I advance in absent weather

II

Vado avanti in un clima assente

ON THE TINE OF A RAKE

My gray neighbor re-fences
the lawn,

       her cane a slash in the dung
under wires that harp
against the sky.

       Last night
I saw her, mulching the midnight
boxwoods,

       pick-axe over her shoulder,
leaf-mud under her feet, her apron
tacked uneven, no chore no longer
belonging to her.

       Bird shadow flits
the pavement. No bird. The air
smells mildew-green, where up

a sidewalk down the street,
her boy is bouncing a tennis ball
through dead leaves.

       Dead-leaf dust
whirls from his wind-breaker pockets,
flits through his hair,
through the bird-feeder door.

On the trampoline on the hill,
his brothers bounce with their ski masks
and sticks.

SUL DENTE DI UN RASTRELLO

La mia vicina dai capelli grigi recinta un'altra volta
il prato inglese,

              il suo bastone un taglio nel letame
sotto fili arpeggianti
contro il cielo.

           Ieri sera
l'ho vista che pacciamava
i bossi di mezzanotte,

             il piccone in spalla,
fango di foglie sotto i piedi, il grembiule
con imbastitura sghemba, nessun lavoro di casa
che non fosse ancora suo.

                Ombra d'uccello sfreccia
sul selciato. Nessun uccello. L'aria
ha un odore verde-muffa, dove su

un marciapiedi giù per la strada
suo figlio fa rimbalzare una palla da tennis
tra foglie morte.

           La polvere di foglie morte
turbina dalle tasche della sua giacca a vento,
sfarfalla nei suoi capelli,
attraverso la porta della mangiatoia per uccelli.

Sul trampolino su in collina,
i suoi fratelli saltano con i loro passamontagna
e bastoni da hockey.

Shadow of their boot-drummed tarp
swallows the ground, but they don't,
they can't hold on.

Weathercock's circle
sings faster; wrens spin
on the tine of a rake. Soon

she'll forget to call her boys back
from the spigot leak they call a stream,
from the yard

in its frame of earthworms
crushed or stretching
on wet cement,
the lilies and roadkill beyond.

                    L'ombra del loro telone martellato dagli stivali
ingoia il suolo, ma essi no,
non riescono a tenersi.

                    Il cerchio del segnavento
canta più in fretta; scriccioli volteggiano
sul dente di un rastrello. Tra poco

si dimenticherà di chiamare i figli
dallo sgocciolio di rubinetto
che chiamano ruscello, dal cortile

                                        nella sua cornice di lombrichi
schiacciati o distesi sul cemento
bagnato, più in là dai gigli
e gli animali uccisi sulla strada.

NO ONE, A BEECH TREE

but this year has not yet breathed
its last. Its lungs push out,
day after day, same day. Here, again,
I am a dream, an impossible phantom
of almost snow.

             I am too lost
to find you. In your absence,
my hands are useless. The air you warmed
seems far off,
long ago:

             It scorches with cold.
It numbs my shoulders,
my cheek. Like an abandoned hair
in the still silent dust, the moon shows the sun
its awful sleep.

             After the storm died,
a cloud should have loitered.

What use is a tree
once the rain has wound away?

Around the bends of memory,
our beech soaked black, dried white.
The leafless branches
dance, indifferent, allowing me to pass.

NESSUNO, UN FAGGIO

ma quest'anno non è ancora arrivato
all'ultimo respiro. Spinge fuori i polmoni,
giorno dopo giorno, lo stesso giorno. Qui, ancora,
io sono un sogno, un fantasma impossibile
di quasi neve.

                    Sono troppo perduto
per trovarti. Nella tua assenza
le mie mani sono inutili. L'aria
che riscaldavi sembra lontana,
di tanto tempo fa:

                    Brucia col freddo.
Mi intorpidisce le spalle,
la guancia. Come un capello abbandonato
nella polvere immobile e muta, la luna mostra al sole
il suo orribile sonno.

                    Dopo che è morta la tempesta
una nuvola sarebbe dovuta indugiarsi.

A che serve un albero
dopo che la pioggia si è spenta?

Attorno alle svolte della memoria,
il nostro faggio si bagnò nero, s'asciugò bianco.
I rami senza foglie
danzano, indifferenti, lasciandomi passare.

LEAF

Mirrored in a window like a scrapbook hung
at a slant
        with the hedges broken off, I cannot see
past my yesteryears
though know they're dead and want
                age treasured
unlike the way
things shook out. Even stuck
photos of thereafters
only go on
        to fade to
             forget their faces.
On the outside, a March masque
of bluster.
        Squirrels trapeze
From branch
        to branch, and leaves whirl
              and drop
like women pretending
to be stricken.
        This sick transit-
ion is *gloria mundi,*
        one lusciously laked
with velvet gone sticky. Chandeliers
of ice are fired
        by black spaces pinned
           with bunched terror
to a dreamscape as complex as a maple
leaf enormous enough to fill
this dead-veined age,
        a landscape clotted
with rivers, crumpling burnt vellum
on which everything is written
to itself.

FOGLIA

Specchiato in una finestra come un album appeso
di sguincio
            con i margini staccati, non riesco a vedere
oltre i miei anni passati
anche se so che sono morti e voglio
                        far tesoro dell'età
non come è poi
andata a finire. Persino foto
di aldilà incollate
finiscono solo
            per sbiadire per
                        dimenticare i loro volti.
Fuori, una maschera marzolina
di raffiche di vento.
                Scioattoli fanno il trapezio
da un ramo
            all'altro, e foglie turbinano
                            e cadono
come donne che fingono
di svenire.
            Questa tisica transi-
zione è *gloria mundi,*
                riccamente costellata
di velluto viscoso. Candelabri
di ghiaccio sono illuminati
                    da spazi neri inchiodati
                                con terrore raccolto
ad un paesaggio di sogno complesso come una foglia
d'acero tanto enorme da riempire
quest'età di vene morte,
                    un paesaggio raggrumato
di fiumi, pergamena bruciata accartocciata
su cui tutto è scritto
a sé stesso.

CLAIRVOYANTE

To the tinkle of domestic pianos
all afternoon up the street, leaves
were whispering as if they had a secret
but were afraid to interrupt.
Two, three birds on a wire, and none.

In the dim-lit back of a shop
with no sign, she'd heard human noise
through the wall, a closing door,
a cough. In a feathered shadow
with openings for eye and mouth only,

she fixed on a piece of sun quivering
under the shade. She was blind,
but, did her lip tremble? Dust
from old gems weighted down the drawers.
Clock talking to a clock.

Finally I had to look: The street
was completely gated up. Just a man
lying on the pavement with newsprint
over him. Fat feet stuck out.
One gypsy bird in the sky.

CHIAROVEGGENTE

Al tintinnio di pianoforti domestici
tutto il pomeriggio per la strada, le foglie
sussurravano come se avessero un segreto
ma paura di interrompere.
Due, tre uccelli su un filo, e nessuno.

In un retrobottega con poca luce
e senza insegna, lei aveva sentito rumori umani
attraverso la parete, una porta che si chiudeva,
un colpo di tosse. In un'ombra piumata
con aperture solo per occhio e bocca,

si è fissata sul fremito di un lembo di sole
sotto la tendina. Era cieca.
Ma ha tremato il suo labbro? La polvere
di vecchie gemme appesantiva i cassetti.
Orologio che parlava ad orologio.

Finalmente ho dovuto guardare: La strada
era completamente sbarrata. Soltanto un uomo
che giaceva sul selciato coperto
da giornali. Piedi grassi uscivano fuori.
Un solo uccello zingaro nel cielo.

SUNFLOWERS

Above a clash of rocks, unrolling seas,
and snips of gull that pivot in the fog,
though hatched indoors, some black corollas ease
their dripping petals over a knuckled log.

Perched, they press gold yolks from feathered nests;
their stems a chilly mesh of pincered things.
(Glittering gone down below suggests
a sun that creeps up into March; it brings

out berries, robins, deer, and turns to scale
the lonesome winter cliffs). On top, above
the ice-paved forts and mansions popping hail

against a dazzled wrap of sky, the light
of gangling flowers ties the year, with love,
the packs of days that these flame knots unite.

GIRASOLI

Sopra un tonfare di rocce, mari che si srotolano,
e nella nebbia brandelli di gabbiano vorticanti:
Benché schiuse dentro casa, nere corolle adagiano
su un ceppo nodoso i petali grondanti.

Appollaiati, premono tuorli d'oro da nidi di piume;
gli steli un gelido miscuglio di cose attanagliate.
(Rammenta, sceso laggiù, un barlume
un sole che s'insinua dentro marzo; fa sbucare

le bacche, i pettirossi, i cervi, e si gira per scalare
le rupi solitarie dell'inverno). Su in cima, sopra fortezze
selciate di ghiaccio e palazzi che fanno schizzare

la grandine contro l'involto smagliante del cielo, la luce
di fiori allampanati lega l'anno, con tenerezza,
fasci di giorni che il nodo di fiamma ricuce.

EPITAPH FOR THE ELEGIST

"'Tis Adonais calls! oh, hasten thither."
—P. B. Shelley

Some hurts are not so soluble as birds
along the broken wave of Shelley's hand.
I call it cruel, the way unwounded words
become each man whose sneer of cold command

disguised a sphinx, a child's fragile worry
underneath, those lips so shipwreck pale
the deathmask was afraid, that "so so sorry"
the years won't let us feel who scrub the sail,

their wisdom fixed on charts. That's how they win:
They judge and tie like the hangmen in disguise
who shoved this nervy stranger from the deck.

Then doctors decked to dress the victim's eyes
elude their depths, not what life could have been
in costly shoes and knotted to the neck.

EPITAFFIO PER L'ELEGIACO

"È Adonis che chiama! o affrettatevi là."

—P. B. Shelley

Alcuni dolori non sono solubili come uccelli
lungo l'onda franta della mano di Shelley.
È crudele che parole non ferite vadano diventando
ogn'uomo il cui ghigno di freddo comando

mascherava una sfinge, il fragile timore di un bambino
dietro, quelle labbra pallide di naufragio, perfino
la maschera di morte ebbe paura, tanta pena
che non ci faranno sentire gli anni che lavano la vela,

la loro saggezza fissa sulle carte; è così che fanno fronte:
Giudicano e legano come i boia travestiti
che spinsero quest'audace sconosciuto dal ponte.

Poi medici bardati per fasciare gli occhi delle vittime
sfuggono alla loro profondità, non tutto quello
che poteva esser la vita in scarpe care e annodata al collo.

BLUE VIGIL

I (Nightfall)

She stood aloof enough to clip the rein
that linked an astral spider to her neck
and let it drop.
Her vein-blue nape would bring me to her knees.

Instead, she folded like an antelope beside me
on the bed, the night beside us both.
With breathtaking obscurity,
                            the antlered landscape
slouched toward our window, hackled with snow.

II (Cold, Cold Jaffa)

Blue Andromeda hangs with ticking wrists
off in the Lapland of shame, begging a lantern to drop
off its branch, to drop
its wings
and lift her skyward from her inmost mine.

No hope of tracing the creek in the woods
of my wide insomnia
to even the meagerest Pegasus:

I thought—better for me to champion
her negligible old star
since I cannot find my path
since I want and need to want what is

witchy as a spark,
a chariot that went down so long ago
with an indifference the skeptics considered worthy of the gods.

VEGLIA BLU

*"Fanciulla e fiore erano
diversi, eppure la stessa cosa."*
—Hawthorne

I (Tramonto)

Rimase in disparte quanto bastava per staccare la briglia
che le allacciava un ragno astrale al collo
e la lasciò cadere.
La sua nuca venata di blu mi portava alle sue ginocchia.

Invece si avvolse come un'antilope accanto a me
sul letto, la notte accanto a entrambi.
Con un'oscurità che toglieva il respiro,
                            il paesaggio irto di palchi
si curvò verso la nostra finestra, piumato di neve.

II (Fredda, fredda Jaffa)

Andromeda blu pende con polsi che battono
lì nella Lapponia della vergogna, implorando una lanterna
di cadere dal suo ramo, di lasciar cadere
le sue ali
e sollevarla dalla sua più intima miniera verso il cielo.

Nessuna speranza di far risalire il ruscello nei boschi
della mia larga insonnia
nemmeno al più misero Pegaso:

Ho pensato—per me è meglio essere dalla parte
della sua vecchia trascurabile stella
poiché io non riesco a trovare la mia strada
poiché voglio ed ho bisogno di volere ciò che è

stregona come una scintilla,
una biga scesa tanto tempo fa
con un'indifferenza che gli scettici consideravano degna degli dei.

III (Briar Rose)

Why can't I leave her
to her bluebranched cathedral of thorns?

Because she knows I'm afraid to lie secure enough
to cry. She knows that her pit holds the tinder
of thought and light.
How profound these hopeless thoughts can be:

Eidolons too are saviors;
brush of her summer burns in its frozen garden,
a firefly implicit in the bristles of her lids.

III (Rosa di bosco)

Perché non riesco a lasciarla
alla sua ispida cattedrale di rami azzurri?

Perché lei sa che ho paura di sdraiarmi con la sicurezza
del pianto. Lei sa che il suo nocciolo contiene l'esca
del pensiero e della luce.
Come possono essere profondi questi pensieri:

Anche gli eidolon salvano;
la sterpaglia della sua estate brucia nel suo giardino di ghiaccio,
una lucciola implicita nelle setole delle sue palpebre.

TO BLUE

"The universal hue"
—Stevens

Resurrection lightens shades of you,
when dawning in the crater lakes of eyes,
robin's eggs—their baby blues—reflect sapphirine skies
or lightning cracks a dome of indigo.

As zephyrs buff the noonday Sun, his helium car,
then plum tree leaves and myrtle berries pip
a rain-glazed roof; blue as bluebirds winging through a dip
in crests of spruce, woaded sheep and denim sails flash far.

But what of other dyes and deeps? The wild blue iris
whose lemon blood bleeds down bright violet petals;
Blue Morpho butterfly, late lilac ink, grape metals,

wine dregs, whatever shines dark. In the halls of Osiris,
torches of pewter shed blue on the blades of a giant back.
Then the hydra-night, scaled with stars, flames forth, blue-black!

ALL'AZZURRO

"Il colore universale"
—Stevens

La resurrezione rischiara ombre di te, quando
spunta nel cratere lacustre degli occhi,
uova di pettirosso—pupille azzurre—specchi
di cieli zaffirini o il lampo squarcia una volta d'indaco.

Mentre zefiri levigano il Sole di mezzodì, suo carro d'elio, poi foglie
di susini e bacche di mirto picchiano su un tetto
lucido di pioggia; lontano, azzurre come uccelli azzurri in volo stretto
tra creste di spruci, pecore di guado e vele che la luce coglie.

Ma le altre tinte e fondi? Nel campo l'azzurra iride
versa il suo sangue di limone per chiari petali viola;
farfalla morfo azzurra, metalli dell'uva, inchiostro del tardo lillà,

fecce di vino, tutto ciò che splende scuro. Nelle sale di Osiride,
torce di peltro azzurrano le scapole di enormi spalle.
Poi la notte-idra divampa, nerazzurra, a scaglie di stelle!

REFLECTION

for Myra

Your effervescent breath, your lips, still drinking
the night in, your eyes contained the restaurant
for a second, then turned back, I was thinking
this is never really the life we want:

It is not that the confetti of summer dresses
multiplied by millions of mirrors and doors
could ever let up, nor something in silver dishes,
like gold duck, nor in white, like blood: We are

what we are, not what we order; it is normal
to be thirsty, and mortal, waiting to be fed
from the deafening rhythm of the floor, it is all

what we make of it, the miracle-making bed
of lettuce, the wine and flesh, the chef's surprise,
the check, the coffee color of your eyes.

RIFLESSO

per Myra

Il tuo fiato effervescente, le tue labbra, ancora
bevendo la notte, i tuoi occhi cinsero il ristorante
per un attimo, e giratomi allora
pensai non è mai questa la vita che si vuole veramente:

Non è che i coriandoli d'abiti estivi moltiplicati
per milioni di specchi e porte potrebbero mai allentare,
né qualcosa, come anatra d'oro, in piatti
d'argento, né in bianchi, come il sangue:

Siamo ciò che siamo, non ciò che ordiniamo; è normale
aver sete, esser mortali, attendere che ci giunga
il cibo dal ritmo assordante delle sale,

tutto è ciò che ne facciamo, il letto di lattuga
che fa miracoli, il vino e la carne, la sorpresa dei cuochi,
il conto, il colore caffè dei tuoi occhi.

THE SIGHTS

She spoke of him as if he were eternal,
as if he were a light

we spend our lives seeking after.
She said she saw Him

moving from the transept to dead
center, under the pillars and all.

An excess of light can cause
suffering for her too.

She handed "her husband"
the camera,

just passing it there from her long
white hands, past white spires, right

there: the large mechanism tilting
between her fingertips.

She said, "How is this?"
And he focused her brilliance, in blue

organdy and silk, more blue in a blue
flash glancing off the tessellated stones;

by *La Tour Eiffel* (all black lace,
no taller than she), she was

blowing there, in blue, and the image
would be stone dead.

LE VEDUTE

Parlò di lui come se fosse eterno,
come se fosse una luce

che cerchiamo tutta la vita.
Disse che Lo aveva visto

spostarsi dal transetto al centro
preciso, sotto i pilastri e tutto il resto.

Un eccesso di luce può
far soffrire anche lei.

Porse la macchina fotografica
a "suo marito,"

passandola lì dalle sue lunghe
mani bianche, oltre guglie bianche, proprio

lì: il grosso congegno inclinato
tra le sue dita.

Disse, "Va bene così?"
E lui mise a fuoco il suo splendore, in organza

e seta blu, più blu in un flash
blu che rimbalzò dalle pietre tessellate;

accanto a *La Tour Eiffel* (tutta merletti neri,
non più alta di lei), lei

si gonfiava lì, in blu, e l'immagine
sarebbe venuta morta stecchita.

And she insisted she saw him.
"So why aren't you speaking?" she said

to "her husband."
And I said I am not your husband.

I am not the light
that you insist you see at all.

I said among all those statues
embedded in the palace that we all

want to be distracted. But we
look on quietly. Quietly

we lose our eyes
to crypts of precious things.

E lei insistette che l'aveva visto.
"Allora perché non parli?" disse

a "suo marito."
E io dissi non sono tuo marito.

Non sono affatto la luce
che tu insisti di vedere.

Io dissi tra tutte quelle statue
incastonate nel palazzo che noi tutti

vogliamo essere distratti. Ma continuiamo
a guardare in silenzio. In silenzio

perdiamo gli occhi
a cripte di cose preziose.

DEPARTED

Our blizzard: one ghost rolling west or east?
Behind, the flame of your window shivered.

Could have been almost anywhere: Red River
Dakota (where harnesses glittered, a beast

puffed off in a trot). But I knew I was deep
in the city. My blood took every precaution,

shifting inside me, dark with indirection.
Maybe you cried, or cringed a little, trapped

up there half curled on a sofa (Dido wrapped
in a sable coat), ashes outside so slow

to fall. Colors of fire bleed together in the snow.
Maybe, but my blood can't believe.

PARTITO

La nostra tormenta: unico fantasma che rotolava a oriente o ponente?
Dietro, la fiamma della tua finestra ebbe un fremito.

Poteva essere quasi un posto qualunque: Red River
Dakota (dove luccicavano le briglie, una cosa vivente

trottellò via sbuffando). Ma sapevo di trovarmi nel cuore
della città. Il mio sangue prendeva ogni precauzione,

muovendosi dentro di me, scuro nella sua indirezione.
Forse piangesti, o ti facesti piccola, sepolta

lassù mezza aggomitolata su un divano (Didone avvolta
in un cappotto di zibellino), la cenere fuori così lieve

a cadere. Colori di fuoco sanguinano insieme nella neve.
Forse, ma il mio sangue non sa credere.

INNARDS

Looking back through the bedroom window,
I see the darkness has produced
your eye (a tiny pearl, Selena). How long

have you been hiding it? Out early, I walk
the beach under a mist of orange thread.
It drifts in heaps, a woman's hair.

Death-stink of the ocean is always familiar.
As if I am twelve years old again, drawn
by my uncle's hand under a dome

of sky, I move inside a shell.
I want so badly to watch the scavengers
lift and scatter on the waves. Instead,

their mottled faces hunch and watch.
The hand tugs me away, to where
a wide shape seems to be

growing: Black, with a xiphoid tail, and blind
to its goldgrime path, a crushed skull
nudges its way through the cold

of this alien world. My uncle winks,
overturns it with a stick, and a cluster
of twisted pincers infected with sea lice

snaps up in spasms. Maybe
we all want to see what makes us sick.
Can't you see why I can't turn back?

VISCERI

Guardando indietro attraverso la finestra della camera da letto,
vedo che il buio ha prodotto
il tuo occhio (una piccola perla, Selena). Da quando

lo nascondi? Già fuori presto, passeggio
sulla spiaggia sotto una foschia di fili arancione.
Scivola a mucchi, i capelli di una donna.

Il tanfo di morte dell'oceano è sempre familiare.
Come se avessi ancora dodici anni, tirato
dalla mano di mio zio sotto una volta

di cielo: Mi muovo dentro un guscio.
Vorrei tanto guardare gli uccelli saprofagi
alzarsi e disperdersi sulle onde. Invece

le loro facce screziate si curvano e guardano.
La mano mi trascina via, dove
sembra crescere una sagoma

larga: Nera, con una coda xifoide, e cieca
al suo sentiero di dorata lordura, un teschio schiacciato
si spinge lentamente attraverso il freddo

di questo mondo alieno. Mio zio ammicca,
la capovolge con uno stecco, ed un grappolo
di chele contorte infestate da pidocchi di mare

scatta su spasimando. Forse
vogliamo tutti vedere ciò che ci fa star male.
Non vedi perché non posso volgermi indietro?

SONNET IN A BOTTLE

Before I drowned, the bottle manned my memory,
turning back, its emeralds flashing toward your coast.
I sank into a murk that turned this witchery
grotesque: Pelicans warping above me evoked

a clergy of funhouse dwarfs. Now I wish
they'd hex the mouth this day recalls: Through fronds
burnt black as ribs at a sacrifice, the sun
has recovered the lip of the skate—its sticky kiss.

Again the furnace of evening starts up late.
It flickers all I loved in you, my faith
a bleak-halled cathedral of coral, my prayer, my "please"—

glass choked with sand. Has this throat reached you yet,
Selena, or has a wavering charm shipwrecked
on a wind-picked barrier off White Horse Beach?

SONETTO IN BOTTIGLIA

Prima che annegassi, la bottiglia presidiava la mia memoria,
volta indietro, i suoi smeraldi balenanti verso la tua costa.
Io sprofondai in un torbido che rese grottesco questo
sortilegio: Pellicani distorti in alto evocavano un clero

di nani da baraccone. Ora io vorrei che affatturassero
la bocca che questo giorno ricorda: Tra fronde
bruciate nere come costole a un sacrificio, il sole
ha recuperato il labbro della razza—il suo bacio appiccicoso.

Ancora s'avvia tardi la fornace della sera.
Fa splendere tutto ciò che ho amato in te, la mia fede,
cattedrale di corallo dai tetri corridoi, la mia preghiera,

il mio "ti prego"—vetro soffocato dalla sabbia. Ti ha già trovato
questa gola, Selena, o un fascino ondeggiante ha naufragato
su una barriera frustata dal vento al largo del Cavallo Bianco?

GALVANIZED NIGHT

*There is a green grounding screw
on the bottom left-hand corner
of this Xerox copier . . .*

Sliding back, then driving hard. Cracked sky
momently bright as a frieze, frail to the eye.

And trucks with water buckling at their prows, trees cranked past like antlers
of migrating beasts, breaking the herd,

whatever has kept our love together. Chained wheels moan up in-roads
turned ocean outlets. From nerves of branches,

egrets lift. Glinting like mint stars from coal pots, like flies, emerald rain
winds down before endless lit-up roofs, before what

once ignited frogs, X-rayed them down to tissues of leaves,
to which they stuck.
            . . . Through a storm now,

translucent as vitreous humor, my own past comes clear as I enter the brain
of a giant surfacing fish. Night feels like fever

in a womb veined bigger than this dark sum. Termites, wings singed
to tinsel, black snakes with gold bones, compost

for flash sex of fire in grass. O traffic between us, I smell the way through.
Just need to make out

a lamp in the distance, grumbling like trucks in gassed-in summer,
seeking—swirling somewhere—a green grounding screw.

NOTTE GALVANIZZATA

C'è una vite di massa verde
in fondo nell'angolo sinistro
di questa copiatrice Xerox...

Scivolando indietro, ma andando forte; cielo spaccato
per un attimo chiaro come un fregio, fragile all'occhio.

E camion con l'acqua che si frange a proda, alberi che passano
come palchi di animali migratori, fendendo la mandria,

ciò che ha conservato il nostro amore. Ruote con catene gemono
su per stradine come sbocchi di mare. Da nervi di rami

si alzano egrette. Come stelle di menta in vasi di carbone, come mosche, una pioggia
di smeraldo turbina davanti a innumerevoli tetti illuminati, davanti a ciò che

una volta accendeva le rane, le radiografava fino alle fibre delle foglie
a cui aderivano.
...Attraverso una tempesta ora,

traslucido umor vitreo, il mio passato si fa chiaro mentre entro
nel cervello di un gigantesco pesce che affiora. La notte sembra febbre

in un grembo venato più grande di questa somma oscura. Termiti,
ali arse a lamé, serpi nere con ossi d'oro, letame

per l'amplesso improvviso di fuoco ed erba. O traffico tra di noi, fiuto il varco.
Ho solo bisogno di intravedere

un lume lontano, brontolando come un camion nell'estate irrespirabile,
cercando—vorticando da qualche parte—una vite di massa verde.

EYE OF THE CYCLONE

Where mountain lightning blinks,
at once your silence strikes. Spattered

sunlight bloods the clocks. Crippled shadows
dart down valleys. Over cracked banana

leaves, I am so afraid if you come back
to my life, you'll bring yours, the one

the mud sucked out. Black iguanas
claw through bedsheets, grabbling,

restless. Split pods of their eyes continue
ripening in my sleep, my senses drugged

by oceanic rain, your twilight
of cane, a drowned halation. If fever

lights these veins, if I am ill, I am so sick
of sickness. Quick as ships appear, green

electrics slash their rigging, pirate the now pitched
horizon. Gauntleted like a girl against you,

I advance in absent
weather, wondering why

the hole you left me for
widens into this

eye of night, this ever wound-up world,
this wound without end, without wind.

OCCHIO DEL CICLONE

Dove balena il lampo sulla montagna
subito batte il tuo silenzio. Spruzzi

di luce insanguinano gli orologi. Ombre storpie
sfrecciano nelle valli. Su foglie di banana

screpolate, ho tanta paura se tu torni
nella mia vita, porterai la tua, quella

che il fango ha succhiato via. Iguane nere
graffiano le lenzuola, a tentoni,

inquiete. I gusci spaccati dei loro occhi
continuano a maturare nel mio sonno, i miei sensi drogati

da piogge oceaniche, il tuo crepuscolo di canne,
un alone annegato. Se la febbre

accende queste vene, se sto male, sono malato
di malattia. Appena sbucano le navi,

scariche elettriche, verdi, squarciano il sartiame,
depredano l'orizzonte ormai nero. Come una fanciulla

con un guanto di ferro contro di te, vado avanti
in un clima assente, chiedendomi perché

il buco per il quale mi hai lasciato
si allarga in questo

occhio della notte, questo mondo sempre carico,
questa ferita senza fine, senza vento.

III

From a far hotel

III

Da un lontano albergo

L'ESPOIR DU DESESPOIR

—to monsieur Jean Passerat
("Inventor" of the villanelle)

I recommend you undertake despair.
Challenge yourself. Admit you cannot fix
the part of hope that lies in disrepair.

Declare how "fair is foul and foul is fair."
Take this bon mot to heart, and when it sticks,
I recommend you undertake despair.

"*Facile, j'espere,*" you say. "*Elementaire!*"
To this "*espoir*" I urge you to affix
the parted "*des*" that lies in dis-repair.

In time you'll find you really couldn't care
that Frenchy maledictions come to nix.
I recommend you. Undertake despair:

The undertaker looks so debonair.
Each night he lies beneath the crucifix
imparting hope that lies in Dis. Repair

takes place below, where Proserpine must bear
her paradox, where Thanatos plays tricks,
ends what it takes to undertake despair:
the part of hope that lies. In Dis, repair!

L'ESPOIR DU DESESPOIR

—a monsieur Jean Passant
("Inventore" della villanella)

Ti consiglio di darti alla disperazione.
Sfida te stesso. Ammetti che non puoi aggiustare
la parte di speranza che posa in distruzione.

Sia "il brutto è bello e il bello brutto" la tua dichiarazione.
Prenditi a cuore questo bon mot, e quando sta per attaccare,
ti consiglio di darti alla disperazione.

"*Facile, j'espere*," "*Elementaire!*" è la tua affermazione.
A questa "*espoir*" ti esorto d'appiccare
il dipartito "*des*" che posa in di-struzione.

Col tempo scoprirai che la nozione
di invettive francesi in alto mare
non t'importa. Ti consiglio. Datti alla disperazione.

Il becchino mostra tanta distinzione.
Di notte posa sotto il crocifisso per poi dare
la speranza che posa in Dis. Riparazione

ha luogo sotto, dove Proserpina porta con rassegnazione
il suo paradosso, dove Tanatos non fa che scherzare,
da' fine a quello che ci vuole per darsi alla disperazione:
la parte della speranza che posa. In Dis, riparazione!

DUODRAMA

I: The Fire-eater's Rhapsody

As street-lamps jitter below and flick mosquitoes
in the wind, I remember your bed, its canopy
of velvet crumpled by a burst of black laughter.

"Ha!" I tell myself. "How clever I was to set
your room on fire." But fools like me are wise,
I tell you. Love me. Come, don't widow

your chances. I'll warn you where to run before you cry,
only, how did I get here? Let me recollect:
First darkness made me think of gasping. Hungry

as trouble, my mouth flew open around the bend
where night forgot its way up spidery tangles
of fire escapes, shaking their webs of shadow.

A moon-furred moth was trapped in there. Its hairy
radar sent out a dash of distress that the sword
on The Empire State Building would have

picked up if it wasn't . . . uh . . . cut off
by my teeth and sucked down the lump
in my throat. Shoving up filthy billboards

of well-built swimmers in the rain, the skeleton
on the roof of Harbor Saloon cracked a joint. To me
he said, "You made a little goof, a slip of the lip,

you juicy burning little live thing! You could do
with some PUNISHMENT," he said, and sucked in
his eyes. I hung from your fire escape like a bat.

DUODRAMMA

I: La rapsodia del mangiatore di fuoco

Mentre giù i lampioni brillano e schizzano moscerini
nel vento, ricordo il tuo letto, il baldacchino di velluto
sgualcito da uno scoppio di risate nere.

"Ah!" mi dico. "Come sono stato scaltro ad appiccare
fuoco alla tua stanza." Ma gli stolti come me sono saggi,
ti dico. Amami. Vieni, non rendere vedove

le tue chance. Ti avvertirò dove correre prima di piangere,
solo, come ci sono arrivato qui? Fammi ricordare:
Prima il buio mi ha fatto pensare a un rantolo.

Con una fame d'inferno, la mia bocca si è spalancata attorno alla curva
dove la notte ha perso la strada su per grovigli ragnati
di scale antincendio che scuotevano le loro reti d'ombre.

Una falena dal mantello lunare era prigioniera lì dentro. Il suo radar
peloso emetteva un segnale di pericolo che la spada
dell'Empire State Building avrebbe captato

se non fosse . . . ah . . . tagliato
dai miei denti e risucchiato giù lungo il nodo
nella mia gola. Tirando su sudici cartelloni

di ben fatti bagnanti nella pioggia, lo scheletro
sul tetto del Saloon del Porto fece schioccare una nocca.
A me disse, "Hai preso un granchietto, un lapsus del labbro,

tu succosa e bruciante cosina viva! Ti starebbe ben fatto
un po' di CASTIGO," disse, e risucchiò dentro gli occhi.
Io pendevo dalla scala antincendio come un pipistrello.

In the window, you gasped and prayed, fumbling
for the heights of this disaster. A million starry windows
leaned in to bite me, a midget, a midge seen by lighting.

II: The Beloved's Response to the Fire-eater

But I never shut *my* eyes, waiting up for your windowy
yellow teeth. You hung in the sky all night, a spider, a spy

to me. Each time you stayed out late, I painted violet faces
on the clocks to keep the time erased. How great

it was to compose in my lap the small face of china.
Those nights you cased my room were shell-shocked,

far, and full of fear. No mint in the air. Isn't that right,
Mayakovsky? A smoking crusade; that's how you found me.

That night you escaped the back way, I wolfed down
the Monday elixirs, rain pounding out of my brain.

Still, I back into strangers everywhere. Valentine's is February.
Years later it is Mayday, and even so, I can't stop shouting:

mouth. Dr. Houser says, *Now when you couch it right,*
love opens out like a house. I say No, love always comes split

as a trinity: washtub, arson, heat vent. Caged in my teeth,
a blue mongoose shrieks to intercept any singing. Forever
hangs on my back, kissing my nape like a hairbrained ape.

Nella finestra, tu ansimavi e pregavi, brancolando alla ricerca
del colmo di questo disastro. Un milione di finestre stellate
si sporsero per mordere me, un nano, un moscerino intravisto nel lampo.

II: La risposta dell'amata al mangiatore di fuoco

Ma io non chiudevo mai gli occhi, in attesa dei tuoi denti gialli a finestra.
Tu pendevi nel cielo la notte intera, un ragno, una spia

per me. Ogni volta che stavi fuori tardi, dipingevo facce viola
sugli orologi per tenere cancellato il tempo.

Com'era bello comporre nel mio grembo il piccolo volto di porcellana.
Quelle notti in cui tu perlustravi la mia stanza erano stravolte,

lontane, e piene di paura. Niente menta nell'aria. Non è così,
Mayakowski? Una crociata contro il fumo; fu così che mi trovasti.

La notte che scappasti per la porta di servizio, tranguggiai
gli elisir del lunedì, con una tempesta che mi scoppiava nella testa.

Eppure mi scontro con sconosciuti dappertutto. Il giorno di San Valentino
è a febbraio. Anni più tardi è mayday, e tuttavia non riesco a smettere di gridare:

bocca. Il Dott. Casale dice, *Ora quando lo addobbi bene
l'amore si apre come una casa*. Io dico No, l'amore viene sempre diviso

come la trinità: vasca da bagno, incendio, sfiatatoio. Ingabbiata nei miei denti,
una mangusta blu strilla per intercettare qualsiasi cantilena. Il sempre
mi è appeso alla schiena, baciandomi la nuca come una scimmia ciuca.

THE LAST TWO FIGURES

*"Teach me to live, that I may dread
the grave as little as my bed."*
—Nicolas Boileau-Despreaux

1.

The last phosphorus goslings dwindle to sparks
on far banks of the tarriest reservoir
in Metropole. They snuff at strokes of gold,
and smoke-wings unfold from satin boudoirs

of our *Dear* Necropolis, mangling themselves
in October's *selva oscura*. Though an odor lasts
as long as a lifetime, do you smile at this
whiff of carnage in your nostrils, smolder

of coal still choking in your chest, bellowed
by your lungs, whose ashes just can't kill
the chilblain of its burning? Now that's a question

for the poet and his guide to rhetorical laurels.
But where do you stand in your water-rusted boots,
losing your communion with the small blue sparks?

2.

There is no question I've been waiting . . . to know
whether old thoughts guide your eyes toward mines of love.
My Florentine looked back when his laureled guide
left him to the shades of his thoughts; but not you: No,

you shouldn't be blind to love. Just like the murderer
between rock towers up the path—white gloves
and mummified face—you could peer through the one hole
in your bandage with a secret in your far beige eye.

LE ULTIME DUE FIGURE

"Insegnami a vivere, che io possa temere
la tomba non più del mio letto."
—Nicolas Boileau-Despreaux

1.

Le ultime paperette di fosforo si riducono a bagliori
sulle lontane rive del bacino più bituminoso
di Metropole. Fiutano freghi d'oro,
ed ali di fumo si schiudono da boudoir di raso

della nostra *Cara* Necropoli, mutilandosi
nella *selva oscura* di ottobre. Anche se
un odore dura tutta una vita, sorridi a questa
folata di carneficina nelle tue narici, lento fuoco

di carbone che ancora ti soffoca il petto, risoffiato
dai tuoi polmoni, le cui ceneri non possono uccidere
il bruciore del gelone? Ora questa è una domanda

per il poeta e la sua guida a allori retorici.
Ma dove ti metti con i tuoi stivali arrugginiti dall'acqua,
perdendo la tua comunione con le piccole scintille azzurre?

2.

Non c'è dubbio che aspettavo . . . di sapere
se i vecchi pensieri guidano i tuoi occhi verso miniere d'amore.
Il mio fiorentino guardò indietro quando la sua guida cinta d'alloro
lo lasciò alle ombre dei suoi pensieri; ma tu no: No,

tu non dovresti essere cieco all'amore. Proprio come l'assassino
tra torri di pietra su per il sentiero—guanti bianchi
e faccia mummificata—tu potresti sbirciare attraverso l'unico buco
nella tua benda con un segreto nel lontano occhio nocciola.

When the hour you wait for arrives on violet wings,
with a swoosh of wind that I command, whispers
will pass along the treetops, leading you into

the carcass of Mammoth Cathedral, twelve pews
ahead, like thoughts that crave their altar. Listen:
My two gentlemen think for you, like a couplet.

3.

Can't you hear that crunching, thinker in the brush?
Your step at ease with your mind, at ease, heading home,
you're reminded of joints, of ripples of tendons of jaws
that opened nightly to sustain a kiss,

the skeleton inside your loving wife!
Tell me, friend of fungi and desiccate toads,
heading toward two figures in dark fibers
that await the marriage of black leaves and snow:

Tell me, do you choose me, or do you wait for the cocks
to quack? Do you choose *me,* or are you fearful
for yourself, or for the fraily tendered

clutches of what loved you, while you live?

Quando l'ora che attendi arriva su ali viola,
con un sibilo di vento che io comando, sussurri
percorreranno le cime degli alberi, portandoti

nella carcassa di Mammoth Cathedral, dodici banchi
più avanti, come pensieri che bramano il loro altare. Ascolta:
I miei due signori pensano per te, come un distico.

3.

Non lo senti quello scrocchiare, pensatore tra gli arbusti?
Il tuo passo a suo agio con la tua mente, a suo agio, diretto a casa,
ricordandoti di giunture, di increspature di tendini di mascelle
che si aprivano ogni notte per sostenere un bacio,

lo scheletro dentro la tua amorevole moglie!
Dimmi, amico di funghi e rospi stecchiti,
diretto verso due figure in gramaglie
che attendono le nozze di neve e foglie annerite:

Dimmi, scegli me, o aspetti che i galli
schiamazzino? Scegli *me*, o hai paura
per te stesso, o per gli artigli fragilmente

offerti di ciò che ti amava, mentre vivi?

WEST SIDE, 1950

Tiny hands in cathedrals,
green lights, and traffic beetling at Columbus Circle
glister through freezing rain like the last
far carnival of summer.

    Orange sky never
    darkens as cryptic furnaces surge
    to keep its gases ghostlike.

As black smoke shades the Hudson,
shadow of street-lamp sidles a canyon, shoulders up
a buildingside: In this red window,
the rooms of her heart shut tight

    against the fire, Jane
    sees her finger stray to the keyboard—
    a minor, incongruous note.

Back to Bach by her husband,
she reflects on youth, her life in the black piano.
Parade of a thousand absent selves
has struck the scarlet polish

    on her fingernail.
    Finger-shadow cuts across the sill:
    A midge cocks its beadlike eye.

She could almost envy it,
rainbowed ally of cloud sailing past billboards toward still
more smoke, but turns instead to the man
looming so wrong by the lampshade's

    arc of murder-red,
    as if dread could defy these metrics,
    the confines of such small place.

WEST SIDE, 1950

Piccole mani in cattedrali,
luci verdi, e traffico che caracolla a Columbus Circle
luccicano nella pioggia gelida come l'ultimo
lontano carnevale dell'estate.

Cielo arancione mai
s'oscura mentre criptiche fornaci si gonfiano
per tenere fantasmatici i suoi gas.

Mentre un fumo nero vela l'Hudson,
l'ombra di un lampione sguscia in un canyon, s'inerpica
sul lato di un edificio: In questa finestra rossa,
le stanze del suo cuore sprangate

    contro il fuoco, Jane
    vede il suo dito vagare verso la tastiera—
    una nota minore, incongrua.

Tornata a Bach accanto al marito,
medita sulla giovinezza, la sua vita nel pianoforte nero:
Un sfilata di mille sé assenti
ha colpito lo smalto scarlatto

    sulla sua unghia.
    Dito-ombra traversa il davanzale:
    Un piccione crolla l'occhio di perlina.

Potrebbe quasi invidiarlo,
iridescente alleato delle nuvole che veleggia oltre i cartelloni verso
altro fumo ancora, ma invece si gira verso l'uomo
che si staglia in modo tutto sbagliato accanto all'arco

    rosso-assassino del paralume,
    come se la paura potesse sfidare questa metrica,
    i confini di un posto così piccolo.

FORTY FLOORS FROM YESTERDAY

"In every life there must be a secret,
unknown force, an almost symbolic
figure who comes unsommoned . . ."
—Pasternak

Her Pharos light is restless. More than memory.
Wherever it goes, it uncovers insecurities.

Laura is naked, smoking, and would breathe
her late blue want into the rented air

if hope didn't make it wait, like any man
tonight, on the stairs. Even now *some* man

must picture her, but not like this. Already
a shadow visits the small of her back.

Smoking towards the colossus in the harbor,
wraith ships still filter in. A bird

mistakes her oxidized hair for a nest
as flag of the nude flies from a far hotel.

Smoke threads its way up from Laura's hand;
it kept her amused for a while. Here comes

a night as vast as America,
traffic approaching through stars,

flakes spinning back into cones
of light. Laura stares: By a lamp,

a tiny figure waits on the corner. "Come,"
she thinks, "don't come, don't." She could want

QUARANTA PIANI DA IERI

*"In ogni vita ci deve essere una forza
ignota, una figura quasi simbolica
che viene senza essere chiamata . . ."*
—Pasternak

La sua luce di Pharos è inquieta. Più della memoria.
Dovunque vada, scopre insicurezze.

Laura è nuda, fuma, e respirerebbe
il suo tardo desiderio blu nell'aria in affitto

se la speranza non lo facesse aspettare, come qualsiasi uomo
stasera, sulle scale. Perfino adesso *qualche*

uomo se la starà immaginando, ma non così. Già
un'ombra le percorre il filo della schiena.

Fumando verso il colosso nel porto,
navi spettrali ancora s'insinuano dentro. Un uccello

prende i suoi capelli ossidati per un nido
mentre la bandiera del nudo vola da un lontano albergo.

Fili di fumo si alzano dalla mano di Laura;
la distrassero per un po'. Ecco che arriva

una notte vasta come l'America:
Traffico che s'avvicina attraverso le stelle,

fiocchi che turbinano all'indietro in coni
di luce. Laura fissa lo sguardo: Accanto ad una lampada,

una figura minuta aspetta all'angolo. "Vieni,"
lei pensa, "non venire, no." Potrebbe volere

forever like this, her figure hidden
in the stitches of a blizzard

as unhistoric as a passage in a tapestry
ghosting with worlds she loved,

the frozen birds, squirrels losing
squirrels in the snow.

così per sempre, la sua figura nascosta
nelle pieghe di una bufera non storica

come il passaggio in un arazzo
popolato dai fantasmi dei mondi che amava,

gli uccelli gelati, scoiattoli che perdono
scoiattoli nella neve.

SEASCAPE, 1920

1.

In my photograph, you're the man
smiling with his eyes, seated
in a wheelchair, your father behind you.

The time you asked him what really
he was, he said, "Everything I taught you
to be." He put you to bed, took unwilling

ladies in his gloves, led them up aisles
to kindness and to madness, to be
a bit free with weighty phrases.

It has been winter for so long now.
I push the ottoman aside and press
my feet to cold granite. At once

my whole body is on pins and riddles.
The world weighs under me, and this
is what I dream in an aquarium at twilight:

I see a sky of pale vapors ripping
over a roof packed with pipes,
a child digging channels in gelid

black sand. His fingers twitch as he comes
upon spent catacombs of turtle eggs,
an empty honey jar. He licks the rim.

PAESAGGIO MARINO, 1920

1.

Nella mia foto, tu sei l'uomo
che sorride con gli occhi, seduto
su una sedia a rotelle, tuo padre dietro di te.

Quella volta che gli hai chiesto che cos'era
realmente, ha detto, "Tutto quello che t'ho insegnato
ad essere." Ti metteva a letto, prendeva

signore ritrose nei suoi guanti, le conduceva lungo passaggi
che portavano alla gentilezza e alla pazzia, per usare
frasi suadenti con un po' di libertà.

È inverno da tanto tempo ormai.
Spingo da un lato lo sgabello imbottito
e poggio i piedi sul granito freddo. Subito

tutto il mio corpo è sui carboni arcani.
Il mondo pesa sotto di me, e questo
è ciò che sogno all'imbrunire in un acquario:

Vedo un cielo di pallidi vapori che fugge
sopra un tetto stracolmo di tubi,
un bimbo che scava canali nella gelida

sabbia nera. Le sue dita si contraggono quando
trova spente catacombe di uova di tartaruga,
un vasetto di miele vuoto. Ne lecca l'orlo.

2.

As a child, father, you crawled and carried
your injury. You were the one who carried it
well, the one whose father—stable,

it seemed—put his gloves on the shoulders
of his children, faintly nudged them some
mornings, and spent the day at the shop,

pushing jars of herring and honey
over a rubber treadmill. The rapid life
leaves us all out of sorts,

but to this day he talks about
the railroads, the way they connected
the coasts of America, glistening rails

and wheels, stacks dumping steam.
His mouth is jarred by these impressions,
and he pauses. "I found the life too

unstable, early on," your old man told you,
the young man seated in this
very chair, impassible, with his eyes

on an angelfish coasting toward glass.
The tank is flooded with electric lights.
I switch them off, lean

before the window. My eyes are prickling.
They are racing over castles,
past the boy on the beach,

one barge lumbering its horror
on that line. I wheeze, living the active lives
they finally never could.

2.

Da bambino, padre, tu strisciavi e portavi
la tua ferita. Tu eri quello che la portava
bene, quello il cui padre—stabile,

a quanto pare—posava i guanti sulle spalle
dei figli, li esortava blandamente alcune
mattine, e passava il giorno in bottega,

a spingere vasetti di aringhe e di miele
su un nastro di gomma. La vita che corre
ci lascia tutti un po' sfasati,

ma ancora oggi lui parla delle
ferrovie, di come collegavano
le coste dell'America, rotaie e ruote

luccicanti, fumaioli che cacciavano vapore.
La sua bocca è invasata da queste impressioni,
e si ferma: "Ho trovato la vita troppo

precaria, dall'inizio," tuo padre disse a te,
il giovane seduto proprio
in questa sedia, inaccessibile, con lo sguardo

su un pesce angelo che scivola verso il vetro.
La vasca è inondata dalle luci elettriche.
Le spengo, mi piego

davanti ai vetri. Gli occhi pungono.
Corrono sopra castelli,
oltre il ragazzo sulla spiaggia,

una chiatta che trascina il suo orrore
su quella linea. Io rantolo, vivendo vite operose
che loro non riuscirono mai a vivere.

AUTUMN

Her hair lit the tinsels of dusk,
electric on her black leather collar

in the tubed fluorescence of the subway.
Lights always die when cut. Six feet

down, let's say, a rat of Norwegian
ancestry choked through lead casing,

bit living wire. Sixty floors up,
her closet mirrors flooded

with shadow. The blackout covered
my gloves, so I crawled up behind

the door. And my finger nerves, left
to their own devices, triggered

a fractureline shock by the switch. No
turning off. She was lit.

AUTUNNO

I suoi capelli accesero la canutiglia del crepuscolo,
elettrica sul suo colletto di pelle nera

nella fluorescenza intubata della metropolitana.
Le luci muoiono sempre se recise. Sessanta centimetri

sotto, per dire, un ratto di origine Norvegese
si strozzò con un rivestimento di piombo,

morse un cavo ad alta tensione. Sessanta piani in su,
gli specchi del suo armadio s'inondarono

d'ombra. L'oscuramento avvolse
i miei guanti, così strisciai fin dietro

la porta. Ed i nervi delle dita, costretti
a congegnare da soli, provocarono

una scossa a frastaglio presso l'interruttore.
Impossibile spegnere. Lei ne fu accesa.

CODA

for Geneva

As business populations dwindle to swallows
whiffling coattails at far points where avenues

sizzle, at this brink of sunset in your neck
of town, I could calculate love, celestial

as heaven in a Swiss watch of fireflies.
Under my shoeskins, the scorpions you ditched

fizzle like cheap cigarette butts. Reminiscing
on your nylons' glistening scales, well, I don't

like them much. I find your guilt-gilded fashion
ugsome as sky-dregs oozing through bean pods over

York, where the Doorman depresses your lobby button.
Face sunk deep in an orange mood, beak lit long

by an unknown source, he leans on tear-streaked glass.
No handles. No grasp of your next whoosh through a block

of cool in which a fly puffs like a grizzly, thuds
and shrinks to a dot, its zigzag transliterating chaos,

a network of biz, of buzz, the flow chart that was,
that fizgig ditty done waltzing me into the dusk.

CODA

per Geneva

Mentre la gente d'affari si riduce a passerotti
che sventolano la coda lontano dove le strade

sfrigolano, in questo lembo di tramonto dalla tua parte
della città, io potrei calcolare l'amore, celeste

come il paradiso in un orologio svizzero di lucciole.
Sotto le suole delle scarpe gli scorpioni che hai scaricato

sfriggono come mozziconi di sigarette scadenti. Rammentando
le scaglie lucide delle tue calze di nylon, be', non

mi piacciono molto. Trovo la tua moda dorata di colpa
gualercia come fecce di cielo che stillano attraverso baccelli

su York, dove il portiere deprime il tuo pulsante nel lobby.
Il volto sprofondato in umore arancione, il becco illuminato

a lungo da una fonte ignota, si curva su vetri rigati di lacrime.
Niente maniglie. Nessuna presa del tuo prossimo guizzo attraverso

una massa di frescura in cui una mosca sbuffa come un grizzly, tonfa
e si riduce ad un puntino, i suoi zigzag traslitteranti il caos,

una rete di business, brusio, il flussogramma che era,
quell'arietta civettuola che mi ha fatto finire il valzer nella sera.

TWO IN TROPIC TWILIGHT

If I once quickened among the whips
that thrilled at a pebble in silt,

I need to ask, "Is it we who shine in the dark?"
My phantom hand can almost free

the strand of night between us. As a moon
arcs white in the mangrove of my brain,

a black water bird climbs the belvedere
for spiders. You say I've forgotten how

to forget? Will you teach me again?
I don't want you to hold me against you

like so much pain. Wrench me from the web
of everything I've ever loved and clung to

because salt flickers here in your lashes,
our day in the lake as vague as an embryo's dream.

Like wick-sparks in sinking tins, tadpoles
gutter out, because I don't care

how it all began. Forget it. No, don't cry,
insects. Even the stars lose their lovers.

DUE IN UN TRAMONTO TROPICALE

Se una volta io mi accendevo tra le sferze
che fremevano attorno a un ciottolo nel limo,

devo chiedere, "Siamo noi che splendiamo nel buio?"
La mia mano fantasma può quasi

liberare il filo di notte tra di noi. Mentre la luna
s'inarca bianca nella mangrovia del mio cervello,

un uccello d'acqua nero si arrampica sul belvedere
in cerca di ragni. Tu dici che io ho dimenticato come

dimenticare? Mi insegnerai ancora?
Non vorrei che tu mi tenessi sul cuore

come tanto dolore. Strappami dalla rete
di tutto ciò che ho amato mai e a cui mi sono aggrappato

perché il sale brilla qui nelle tue ciglia,
il nostro giorno nel lago vago come il sogno di un embrione.

Come faville di lucignolo che sprofondano in lattine,
girini colano fuori, perché non m'importa

come tutto è cominciato. Dimenticalo. No, non piangete,
insetti. Anche le stelle perdono i loro amanti.

PROJECTIONS OF INDIAN SUMMER

One night she dared decide that her good life
was a shallow, edged in warming slush.

Nostalgic for loss
and craving freedom,
she ran out across the wintry beach. The sea

was thick and pink, her eyelids blue
with cold. She once claimed she could know a man
by studying his face.
                    (As her face
tightened in the chill, she knew
her mind was not what it once was.)

* * *

The sea is tight tonight, she thought,
turning clean into the wind, the shuddering
projections of the fuel plant
                              barely visible
across the bay. An age of filthy wisdom
is engulfing us, she thought,
but I can make it worth more all the same.

Even then, the rusting stacks
and posts of black, implanted
in the wet green field and pink sea of her eye, were bent
into elegant soldiers.
                    They wavered there
and frisked in the breeze,
shipped in the night, sifted the winds
of Indian summer.

PROIEZIONI DI UN'ESTATE DI SAN MARTINO

Una sera osò decidere che la sua comoda vita
era una secca, bordata di fanghiglia che si scaldava.

Sentendo nostalgia della perdita
e bramando la libertà,
corse fuori sulla spiaggia invernale. Il mare

era spesso e rosato, le sue palpebre livide
di freddo. Una volta dichiarò di poter conoscere un uomo
studiandone il viso.
          (Mentre il suo viso
si induriva nel gelo, comprese
che la sua mente non era quella di una volta.)

***

Il mare è duro stasera, pensò,
voltandosi dritto nel vento, le frementi proiezioni
della fabbrica di carburante
                appena visibili
dall'altra parte della baia. Un'età di turpe saggezza
ci sta ingoiando, pensò,
eppure posso farla valere di più.

Anche allora le ciminiere
e i pali di nero, piantati
nell'umido campo verde e nel mare rosa del suo occhio, erano piegati
come eleganti soldati.
           Ondeggiavano lì
e facevano festa nella brezza,
s'imbarcavano di notte, vagliavano i venti
dell'estate di San Martino.

* * *

She had then, for all my recollections' editing,
a perfect notion. Even her face,
a coal pressed by wind, turning white

against the smoke and wet sunset,
was not a mere projection of her youth
against a blacker ground
                              but a dense, essential substance
full of promise. Like a foal growing into a mare,
it should be precious even now.

* * *

As I look down
across the beach, the thaw can barely hold
its ground. Black water cracks along
against edges of ice, and a coppery dog
that was frisking
                              in the snow
climbs the slate porch steps, scratches in the doorway
looking straggly
as a mountain monk.

***

Allora lei aveva, nonostante le mancanze del ricordo,
una nozione perfetta. Persino il suo volto,
un carbone premuto dal vento che s'imbiancava

contro il fumo e l'umido tramonto,
non era la mera proiezione della sua giovinezza
contro un campo più scuro,
                              ma una densa, essenziale sostanza
piena di promesse. Come una puledra che si fa cavalla,
dovrebbe essere preziosa anche adesso.

***

Mentre guardo giù
lungo la spiaggia, lo sgelo riesce appena
a non perdere campo. L'acqua nera fa scricchiolare
lembi di ghiaccio, e un cane ramato
che faceva festa
                    nella neve
sale sui gradini di ardesia della veranda e si gratta sull'uscio,
arruffato
come un monaco di montagna.

EDGE OF AUGUST

1.

Afternoon is geared to screaming
in stone yards,

bricky reaches of the city.
As feet chase feet by creaking chains,

wind winks flames of leaf,
a thousand living flecks of sun.

2.

Between hand and hand, a head warms
in a lap on a step:

Five O'clock.
A face shakes off its wings;

child toddles in the shadow of his own legs,
the carrot in his hand

so brilliant
that in this the day is bitten off.

3.

Flame in a window across
from the playground: It flies to him

in a flash; he's blind
and wants to cry behind the sun

in a minute lisp, a glint
of tooth on teeth. Tell

the limitless clouds
from the fields of sleep.

LIMITE D'AGOSTO

1.

Il pomeriggio s'ingrana a urlare
nei cortili di pietra,

distese di mattoni della città.
Mentre piedi braccano piedi presso catene cigolanti,

il vento ammicca con fiamme di foglia,
mille vivi granelli di sole.

2.

Tra mano e mano, una testa si scalda
in un grembo su un gradino:

Le cinque.
Un volto si libera dalle sue ali;

un bimbo si muove a passi incerti nell'ombra delle proprie gambe,
la carota che ha in mano

così brillante
che in essa il giorno è staccato a morsi.

3.

Fiamma nella finestra dall'altra parte
del parco giochi: Gli vola incontro

in un baleno; lui è cieco
e vuole gridare dietro il sole

in un tenue sibilo, un luccichio
di dente su dente. Distinguere

le interminabili nuvole
dai campi del sonno.

THE END

Not birds, not a sound. From one fiery speck,
frame of the window flares into black.

As moths clipped the hedges, all afternoon
on the steps to my door, my rash

toes broke up the spidermites, pressing
the question: What would this place have been

without me? Who cared for it anyway?
Anyone could have wished after wind,

how laughing at darkness, leaf clusters
shook, stepping higher and farther into light.

Daymoon was a giant's toe-print, false
as Mars in the setting sky to a red mite

in its badlands of cement. Now nothing
ahead but space, the cosmos. Shadow

of a porch bee bends onto the floor,
as if that were a sign of any proportion.

LA FINE

Niente uccelli, nessun suono. Da un puntino infuocato
la cornice della finestra si allarga nel buio.

Mentre le falene radevano le siepi, tutto il pomeriggio
sui gradini dell'entrata, le dita dei miei piedi

frantumavano incaute gli acari, ponendo
la domanda: Cosa ne sarebbe stato di questo posto

senza di me? In ogni caso chi ci badava?
Chiunque avrebbe potuto agognare il vento,

e come i ciuffi di foglie si scrollavano, schernendo il buio,
scalando più in alto e più lontano nella luce.

La luna del giorno era l'impronta dell'alluce di un gigante,
falsa come Marte nel cielo che tramonta a un acaro rosso

nei suoi calanchi di cemento. Ora nient'altro
che spazio davanti, il cosmo. Ombra

di un'ape sulla veranda si curva sul pavimento,
come se ciò fosse segno di una qualsiasi proporzione.

AFTERGLOW, MEXICO

And do they hold on to the meaning of the scene?
By the drop at the edge of the Inn, I'll recapture
the wealth of the *pueblo,* such hot fields of onyx,

corn, and rose furrows flaking sapphire butterflies
like faint waves dispersing near vespers. Cathedral
encrusted with winged amoretti glimmers its corals

baubled with corpses, and Christ sets His rubies
behind the heads of His have-not's. Like rutted card-
board, those steps folded back to an underground

market. There I had snap-shot some poverty. So?
A child wobbled on his brother's shoulders, juggling
star-fruit and roses. Now real stars arise

as I think back on this; and up tipsy mountains,
forest fires do the-loop-the-loop. A crest
of sangria pours up from a tossed sea of palms.

RIVERBERO, MESSICO

E si attengono al significato della scena?
Presso lo strapiombo al limite della Locanda, recupererò
la ricchezza del *pueblo,* campi così caldi di onice,

granturco, e solchi di rose che sfaldano farfalle di zaffiro
come fievoli onde che si disperdono nel vespro. Cattedrale
incrostata di amoretti alati fa sfolgorare i suoi coralli

agghindati di cadaveri, e Cristo mette i Suoi rubini
dietro le teste dei Suoi poveri. Come cartone
ondulato, quei gradini ripiegati verso un mercato

sotterraneo. Lì io avevo fotografato un po' di povertà. E allora?
Un bimbo tentennava sulle spalle del fratello, facendo il giocoliere
con frutti a stella e rose. Ora stelle vere si alzano

mentre ripenso a tutto questo; e incendi di bosco
fanno gran volte su montagne vertiginose. Una cresta
di sangria scorre da un agitato mare di palme.

ABOUT THE AUTHOR

STEPHEN MASSIMILLA is a poet, critic, and visual artist from Sea Cliff, New York. He received a BA from Williams College and a MFA in Writing from Columbia University, where he is now completing a PhD in English and Comparative Literature. For *Forty Floors from Yesterday*, a finalist selection in several national book contests, he received the 2001 Sonia Raiziss-Giop Foundation Bordighera Poetry Prize. Earlier, for his sonnet sequence *Later on Aiaiai*, he received the 2001 Grolier Poetry Prize from the Ellen la Forge Memorial Foundation. Other work was selected by Kenneth Koch for a Van Rensselaer Award. He has also received an Academy of American Poets Prize and the School of the Art Institute of Chicago Poetry Award. His poems have appeared in *American Poetry Review, The Amherst Review, Descant, G.W. Review, High Plains Literary Review, Lullwater Review, The Madison Review, The Marlboro Review, New Delta Review, Phoebe, Puerto del Sol, Salt Hill, The Southern Poetry Review, Sonora Review, Tampa Review*, and dozens of other journals. Massimilla teaches or has taught literature and creative writing at Columbia University, Barnard College, Boston University, the 92nd St Y, and the School of Visual Arts. He is also a practicing painter and has exhibited work in Chicago, Boston, Sea Cliff, and New York.

ABOUT THE TRANSLATOR

LUIGI BONAFFINI is professor of Italian language and literature at Brooklyn College. His publications include *La poesia visionaria di Dino Campana* (1980); and translations of Dino Campana (*Orphic Songs and Other Poems*, 1992); Mario Luzi (*For the Baptism of Our Fragments and Phrases and Passages of a Salutary Song*, 1992, 1999); Vittorio Sereni (*Variable Star*, 1999); Giose Rimanelli (*Moliseide, Alien Cantica*, and *Jazzymood*, 1991, 1995, 1999); Giuseppe Jovine (*The Peacock/The Scraper*, 1994); Achille Serrao (*The Crevice*, 1995 and *Cantalesia*, 1999); Eugenio Cirese (*Molisan Poems*, 2000); Albino Pierro (*Selected Poems*, 2002). He edited the trilingual anthology *Dialect Poetry of Southern Italy* (1997); co-edited *Via terra: An Anthology of Contemporary Italian Dialect Poetry* (1999), and *Poesia dialettale del Molise* (1993), a trilingual anthology of poetry in the Molisan dialect; and with Achille Serrao *Dialect Poetry of Northern and Central Italy* (2001), recently published by Legas in New York. He was awarded the Italian Ministry for Foregn Affairs Translation Prize and the Italian Ministry for Cultural Affairs Translation Prize for the translations, respectively, of Mario Luzi's *Phrases and Passages of a Salutary Song* and *For the Baptism of Our Fragments*. He is now editing a trilingual anthology of Neapolitan dialect poetry.

This book was set
in QuarkXpress for Bordighera
Press by Deborah Starewich of Lafayette IN.
It was printed by Printing Services of
Purdue University, West Lafayette
IN, U.S.A.